HANS-JOACHIM LAEWEN
BEATE ANDRES
ÉVA HÉDERVÁRI

OHNE ELTERN GEHT ES NICHT

HANS-JOACHIM LAEWEN
BEATE ANDRES
ÉVA HÉDERVÁRI

OHNE ELTERN GEHT ES NICHT

DIE EINGEWÖHNUNG VON KINDERN IN KRIPPEN UND TAGESPFLEGESTELLEN

LUCHTERHAND

Die Deutsche Bibliothek-CIP-Einheitsaufnahme:

Laewen, Hans-Joachim: Ohne Eltern geht es nicht: die Eingewöhnung
von Kindern in Krippen und Tagespflegestellen/
Hans-Joachim Laewen; Beate Andres; Éva Hédervári. -
3., erw. Aufl. - Neuwied/Berlin: Luchterhand, 2000
ISBN 3-472-03874-8

Kontakt:
INFANS - Institut für angewandte Sozialisationsforschung/
frühe Kindheit e.V. Berlin

Herausgegeben von der Redaktion klein & groß

Gestaltung: Cornelia Barth, Leipzig
Titelbild: Jürgen Jabs
Fotos:

Volker Derlath	17
Klaus Dombrowsky	20
Wolfgang Huppertz	5 30 32 38 48 52
Christian Schulz	8

Seite 18/19 Valentin, in: Udo Lange, Thomas Stadelmann:
Das Paradies ist nicht möbliert.
Räume für Kinder. Neuwied, Kriftel, Berlin 1999.

Druck und Bindung: Neumanndruck, Heidelberg
Printed in Germany, November 2000

INHALT

»Die Fragen des Anfangs« wurden zusammengestellt von Anni Söntgerath.

DIE FRAGEN DES ANFANGS

Kind zu Mutter/Vater:

- Wirst du mich in dieser Fremde allein lassen?
- Wirst du meine Angst verstehen,
  weil alles für mich fremd ist?
- Wirst du so lange bei mir bleiben,
  bis ich hier vertraut bin?
- Wirst du auch meine Neugier verstehen und
  mich ausprobieren lassen?
- Bist du einverstanden, daß ich gerne hier bin,
  wenn ich mich nicht mehr so fremd fühle?
- Magst du meine Erzieherin?

EINE VORBEMERKUNG ZUM STREIT UM DIE TAGESBETREUUNG VON KINDERN UNTER DREI JAHREN

Über die Bewertung einer Tagesbetreuung von Kindern in den ersten drei Lebensjahren in einer Krippe oder Tagespflegestelle ist in der Bundesrepublik Deutschland und anderswo in Fachkreisen und in der Öffentlichkeit immer wieder heftig gestritten worden. Während noch vor kurzer Zeit eine Anzahl von Kinderärzten und Psychologen in einer frühen Tagesbetreuung eine Gefahr für die kindliche Entwicklung, für die Qualität und Stabilität der frühen Mutter-Kind-Bindung und den gesundheitlichen Status der Kinder sahen, bestreiten vor allem Sozialwissenschaftler die Existenz derartiger Risiken. Sie können sich dabei auf einen beträchtlichen Bestand an Forschungswissen stützen, das weltweit in den letzten 30 Jahren im Hinblick auf eine Tagesbetreuung von Kindern unter drei Jahren zusammengetragen worden ist und das in der Tat die Argumentation der Gegner einer frühen Tagesbetreuung als über weite Strecken unbegründet und hinsichtlich der von ihnen befürchteten Schäden als stark überzogen erscheinen läßt.

Die Forschungsergebnisse weisen international darauf hin, daß den Kindern mit der Zwangsverpflichtung von

Frauen in die Mutter-Kind-Einheit kein Gefallen getan wird. Diejenigen, die das Wohl des Kindes so bewegt betonen und die Verknappung des Angebots an Plätzen der öffentlichen Tagesbetreuung betreiben, müssen sich entgegenhalten lassen, daß die Chancen für eine gelingende Sozialisation der Kinder auch mit der Zufriedenheit der Mütter mit ihrer Rolle und ihrer Lebenssituation zusammenhängen. Die Patentlösung, die in ihrem Kern »Das-Kind-gehört-zur-Mutter!« lautet, ist keine Lösung, auch wenn sie einige Ärzte oder Psychologen durch den Verweis auf die vermeintliche Natur der Menschen zu begründen suchen. Eine solche Haltung läßt außer Betracht, daß die Entwicklung von Kindern hin zu Erwachsenen kulturellen Mustern folgt, kein bloß biologischer Ablauf ist. Schon eine oberflächliche Durchsicht der Forschungsliteratur der letzten 20 Jahre läßt erkennen, daß die »Natur des Menschen« eng mit seiner sozialen Situation verwoben ist und die Auswirkungen einer Tagesbetreuung auf Kleinkinder von einem komplexen Geflecht von Bedingungen abhängen, die ein allgemeines Urteil für oder gegen Tagesbetreuung unsinnig machen.

So wichtig die Rolle der Eltern im Leben der Kinder auch ist und bleiben wird, so lehrt schon die alltägliche Praxis, daß das Leben mit Kindern durch äußere Bedingungen erschwert oder erleichtert werden kann. Zumal die Mütter, denen immer noch sowohl in der privaten Rollenverteilung in der Familie als auch in der öffentlichen Diskussion die Hauptverantwortung für das Gedeihen besonders der Kleinkinder zugeschrieben wird, wissen, daß die Betreuung der Kinder **auch** Arbeit und Leistung ist. In der Bundesrepublik Deutschland ist diese Arbeit zur Privatsache erklärt worden, obwohl doch keine Gesellschaft ohne sie Bestand haben könnte, Kinderbetreuung in diesem Sinne also auch immer im öffentlichem Interesse geleistet wird. Die Einführung des Erziehungsgeldes weist darauf hin, daß hier allmählich ein Wandel stattfindet, auch wenn diese Form der Übernahme von öffentlicher Mitverantwortung für die Jüngsten in unserem Land auf die Teilfinanzierung der Kosten beschränkt ist und de facto die Mütter ans Haus bindet. Wie bereits erwähnt, tut man den Kindern damit nicht unbedingt einen Gefallen, denn nur diejenigen, deren Mütter mit dieser Rolle einverstanden sind, werden davon profitieren.

Für diejenigen Frauen, deren Lebensentwurf ebenso selbstverständlich eine Berufstätigkeit einschließt, wie dies bei Männern geradezu vorausgesetzt wird, stellen die Krippen und Tagespflegestellen eine vermutlich bessere Form der Übernahme konkreter öffentlicher Mitverantwortung für die Frühsozialisation der Kinder dar. Eine Reihe von Forschungsergebnissen unterstützt eine solche Sichtweise. Wer hier undifferenziert gegen diese Form der öffentlichen Anteilnahme am Aufwachsen der Kinder argumentiert, muß sich fragen lassen, wessen Interessen er eigentlich vertritt: die der Kinder nach dem Stand unseres Wissens jedenfalls nicht.

Wir können heute aufgrund der Kenntnisse, die in den letzten 20 Jahren zu diesem Thema zusammengetragen wurden, feststellen, daß eine *gut qualifizierte Tagesbetreuung*, sei es in der Krippe oder in der Tagespflegestelle, keine jener Gefahren für die Kinder birgt, die von ihren Gegnern immer wieder beschworen werden, daß jedoch Mängel in der Qualität der Tagesbetreuung sehr wohl zu Risiken führen können. Auch gibt es Hinweise darauf, daß auf die Qualität einer frühen Tagesbetreuung immer dann besonders sorgfältig geachtet werden sollte, wenn sie im ersten Lebensjahr des Kindes beginnt und länger als vier Stunden täglich andauert.

Im Hinblick auf die Qualität einer Betreuung in Krippen und Tagespflegestellen müssen deshalb u.a. die folgenden Merkmale kritisch betrachtet werden: – die Größe der Gruppen, in denen die Kinder betreut werden und der »Erzieher-Kind-Schlüssel«; die Fachkenntnisse der Erzieherinnen und Tagesmütter über die frühkindlichen Entwicklungs- und Lernprozesse; die Dauerhaftigkeit der Beziehung des Kindes zu seiner Erzieherin bzw. Tagesmutter (oder umgekehrt die Häufigkeit des Betreuerwechsels); die materielle und räumliche Ausstattung der Kindertagesstätten und Tagespflegestellen und die Arbeitsbedingungen der Erzieherinnen und Tagesmütter; die Gestaltung des Übergangs der Kinder in die Krippe oder Tagespflegestelle.

Die Gruppengröße und der sogenannte Erzieher-Kind-Schlüssel, die Arbeitsbedingungen für Erzieherinnen und Tagesmütter sowie die materielle und räumliche Ausstattung der Krippen und Tagespflegestellen

Die Gruppengröße und der sogenannte Erzieher-Kind-Schlüssel, die Arbeitsbedingungen für ErzieherInnen und Tagesmütter sowie die materielle und räumliche Ausstattung der Krippen und Tagespflegestellen können nur über politische Entscheidungen verbessert werden, die in letzter Konsequenz durch das Wahlverhalten oder andere Formen der Einflußnahme der Bürgerinnen und Bürger unseres Gemeinwesens herbeigeführt werden können. Sie entscheiden letztendlich, welcher Gebrauch von dem bei uns privat und öffentlich aufgehäuften ungeheuren Reichtum gemacht wird. Es lohnt in diesem Zusammenhang, sich von Zeit zu Zeit bewußt zu machen, daß beispielsweise allein für die Entwicklungskosten des umstrittenen Militärprojekts »EuroFighter« (6 Milliarden DM) etwa 10 000 Erzieherinnen für 10 Jahre beschäftigt werden könnten und immer noch genug Geld übrig wäre, um mehr als 100 Kindertagesstätten bauen zu können.

Aus- und Fortbildung des Fachpersonals

Hinsichtlich der Aus- und Fortbildung des Fachpersonals sollte das in den letzten 20 Jahren gewonnene Wissen um die frühen Lern- und Entwicklungsprozesse der Kinder stärker berücksichtigt werden, als dies bisher in der Regel geschieht. Die Ergebnisse einer ganzen Reihe von Forschungsarbeiten belegen, daß die Krippe oder Tagespflegestelle einen selbständigen Beitrag zur Entwicklung der Kinder leistet, der umso günstiger ausfällt, je höher die Qualität der pädagogischen Arbeit in den Kindertagesstätten bzw. der Tagesmütter sind. Darüber hinaus sollte ein längst überfälliges pädagogisches Konzept für eine frühe Tagesbetreuung erarbeitet werden, an dem die Erzieherinnen und Tagesmütter ihre Arbeit orientieren könnten.

Häufiger Wechsel der Betreuungspersonen

Ein häufiger Wechsel der Betreuungspersonen sollte unter allen Umständen vermieden werden, da hier eine der Ursachen für ungünstige Entwicklungen zu liegen scheint. Die Trennung von wichtigen Bezugspersonen – und dazu werden die Erzieherinnen und Tagesmütter nach kurzer Zeit – stellt vor allem Kinder unter 3 Jahren immer vor anstrengende Anpassungsaufgaben, die ihnen nicht zu oft zugemutet werden sollten. Hier sind (soweit nicht schon geschehen, Eltern sollten sich hier genau informieren!) Veränderungen in der internen Organisation der Betreuung in den Krippen dringend erforderlich. Altersgemischte Gruppen oder ein Mitgehen der Erzieherin mit der Gruppe **zumindest** bis zum Kindergartenalter sind Alternativen, die sich in der Regel ohne unverhältnismäßige Schwierigkeiten realisieren lassen.

Der Übergang in eine Krippe oder Tagespflegestelle

Der Übergang in eine Krippe oder Tagespflegestelle schließlich stellt eine kritische Phase für das Kind dar, das sich während der ersten Tage und Wochen mit der neuen Umgebung vertraut machen und eine tragfähige Beziehung zur Erzieherin aufbauen muß. Obwohl von einigen Forschern bereits vor längerer Zeit vermutet wurde, daß der Gestaltung des Übergangs in eine Tagesbetreuung eine erhebliche Bedeutung zukommen könnte, wissen wir erst seit jüngster Zeit ein wenig besser, worum es dabei geht. Die Ergebnisse eines bereits 1984/85 an der Freien Universität Berlin durchgeführten Forschungsprojekts stützen die Vermutung, daß die Art der Eingewöhnung der Kinder, insbesondere in den ersten Lebensjahren, die allgemeine und gesundheitliche Entwicklung der Kinder im ersten Halbjahr einer Tagesbetreuung erheblich beeinflussen kann. Aus Anlaß der Ergebnisse dieses Forschungsprojekts ist von **INFANS** ein Modell für eine kindgerechte Gestaltung der Eingewöhnungsphase entwickelt worden, das in der Bundesrepublik inzwischen die Aufnahmepraxis von Kindern in Krippen und Tagespflegestellen verändert hat.

Die Gestaltung dieser Übergangszeit, die sogenannte Eingewöhnung der Kinder, muß als ein für die Vermeidung von Risiken für die Kinder wichtiges Qualitätsmerkmal einer frühen Tagesbetreuung angesehen werden und ist deshalb das Thema dieser Broschüre. Sie soll für Eltern die Information durch die Leiterin der Kindertagesstätte oder die Mitarbeiter/innen des Jugendamtes ergänzen oder, wo eine Beteiligung der Eltern an der Eingewöhnung ihrer Kinder noch nicht praktiziert wird, es den Eltern ermöglichen, diese Beteiligung mit Gründen einzufordern.

Eine solche Beteiligung der Eltern an dem Prozeß der Eingewöhnung ihrer Kinder ist die wesentliche Grundlage des Modells. Ein Elternteil sollte das Kind in den ersten Tagen seines Besuchs einer Krippe oder Tagespflegestelle begleiten, und die Broschüre soll in aller Kürze darlegen und begründen, warum die Anwesenheit von Vater oder Mutter in der ersten Zeit für das Kind so wichtig ist.

Über die Hilfe hinaus, die die Anwesenheit eines Elternteils in dieser Situation für das Kind darstellt, bietet eine solche Beteiligung der Eltern an der Eingewöhnung ihrer Kinder die Chance, die Beziehung zwischen Krippe und Familie, zwischen Tagesmutter und Eltern von vornherein als Kooperationsbeziehung zu definieren, denn ohne die Eltern kann die Aufnahme der Kinder nicht »fachgerecht« geleistet werden. Für den späteren Umgang und die Vertrauensbeziehung zwischen Eltern und Erzieherin bzw. Tagesmutter schafft eine solche Einladung an die Eltern gleich zu Beginn der Tagesbetreuung des Kindes die besten Bedingungen.

Die Aufgabe der Eltern ist es dabei, ihrem Kind eine Art schützendes »Nest« zu bieten, von dem aus es sich mit der neuen Umgebung vertraut machen und in das es sich flüchten kann, wenn es sich überfordert fühlt. Alle Kinder, auch wenn sie schon sehr selbständig wirken, brauchen in ihren ersten Lebensjahren zunächst einmal ein solches »Nest«, eine »sichere Basis«, um sich mit einer neuen Umgebung, ohne das Risiko der Überforderung, vertraut machen zu können. Haben sie keine solche Unterstützung, geht es den meisten von ihnen schlecht, auch wenn man es manchen Kindern nicht ohne weiteres ansieht.

Die Broschüre enthält eine Reihe von Tips und Anregungen, die zu einem guten Gelingen dieses neuen Abschnitts im Leben der Kinder und ihrer Eltern beitragen und die Beratung durch die Mitarbeiter/innen der Kindertagesstätten und Jugendämter unterstützen und ergänzen sollen.

Hans-Joachim Laewen
INFANS – Institut für angewandte Sozialisationsforschung / Frühe Kindheit e.V. Berlin
Berlin, Oktober 2000

Forschungs-
werkstatt
Kindertagesstätte

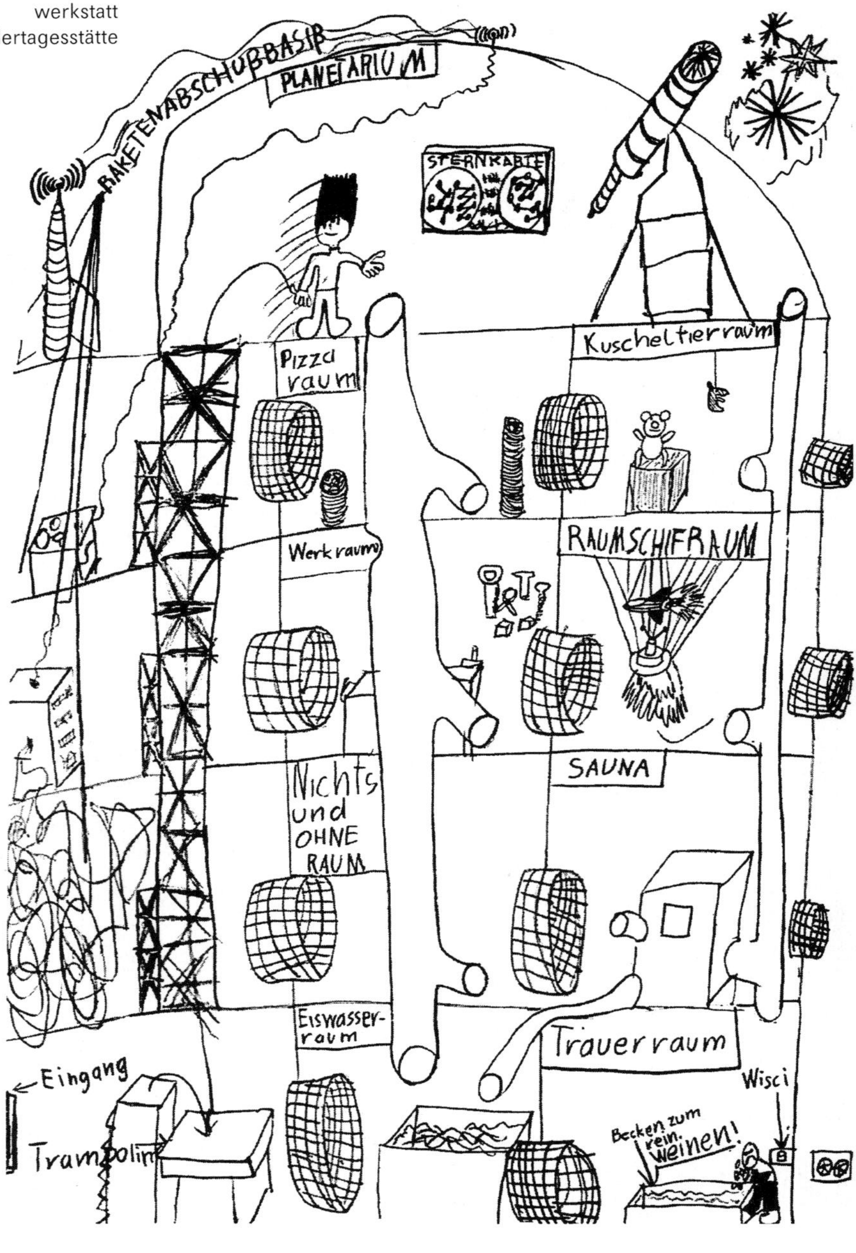

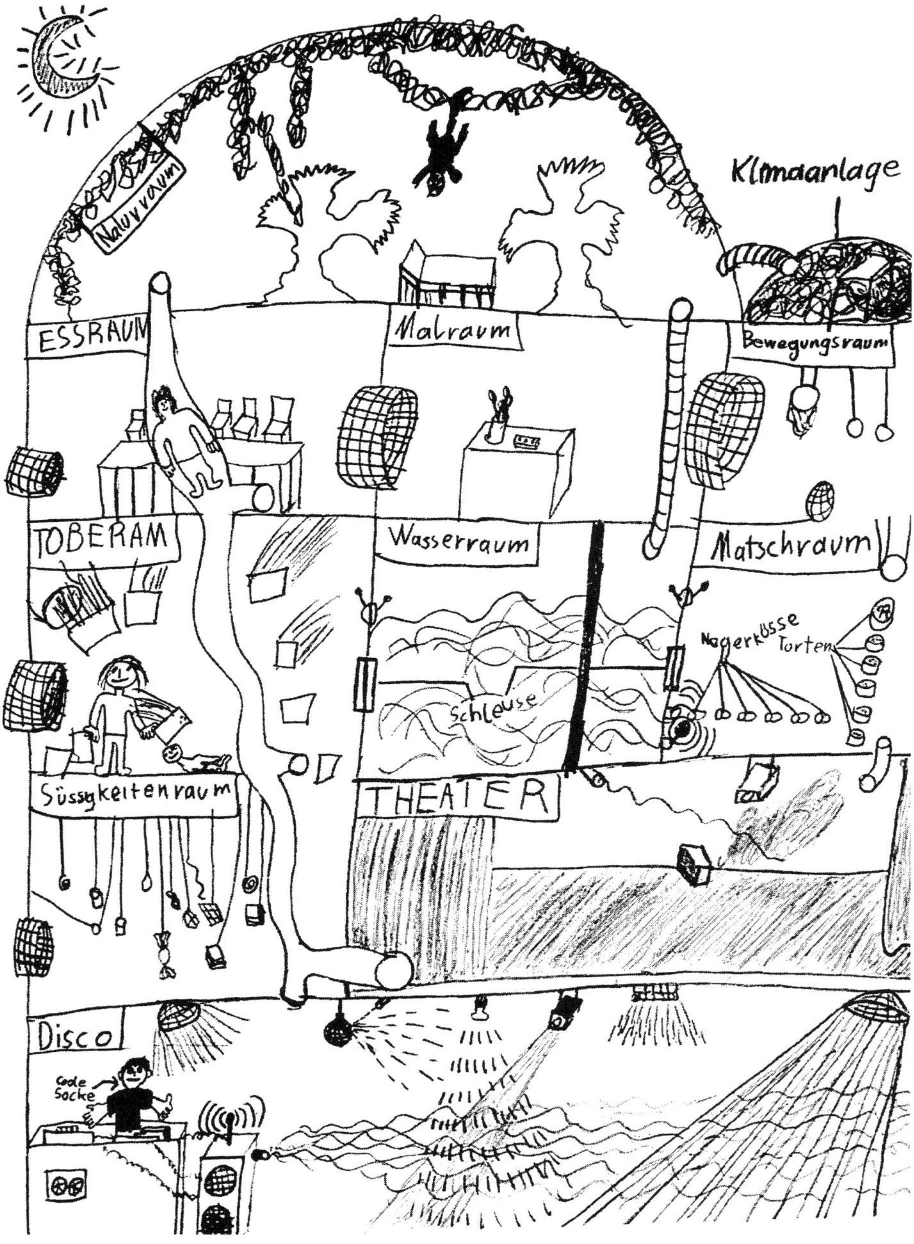

Naturraum
Klimaanlage
ESSRAUM
Malraum
Bewegungsraum
TOBERAM
Wasserraum
Matschraum
Negerküsse
Torten
Schleuse
Süssigkeitenraum
THEATER
Disco
Coole Socke

Kind zur Erzieherin:

- Wirst du mir Zeit lassen, dich kennen zu lernen?
- Wirst du mich beschützen und unterstützen?
- Wirst du mich trösten, wenn ich traurig bin?
- Wirst du meine Mutter/meinen Vater mögen?

DIE GESTALTUNG DER EINGEWÖHNUNGSSITUATION ALS QUALITÄTSMERKMAL EINER FRÜHEN TAGESBETREUUNG

Der Übergang aus der Familie in die noch unbekannte Kindertagesstätte oder Tagespflegestelle bedeutet für jedes Kind eine große Herausforderung für seine Fähigkeit, sich an neue Umgebungen anzupassen und Beziehungen zu fremden Personen aufzubauen. Während der ersten Zeit in der Kindertagesstätte oder Tagespflegestelle ist das Kind mit unbekannten Räumen, fremden Erwachsenen und anderen Kindern konfrontiert. Es muß sich an neue Situationen, einen veränderten Tagesablauf und an die tägliche mehrstündige Trennung von den Eltern gewöhnen. Diese Veränderungen fordern dem Kind Lern- und Anpassungsleistungen ab, die auch für ältere Kinder mit erheblichem Streß verbunden sein können. Zwar sind auch sehr kleine Kinder durchaus in der Lage, sich an neue Umgebungen und Situationen anzupassen, aber:

Kinder im Krippenalter sind in jedem Fall überfordert, wenn sie diese Umstellung ohne Unterstützung durch ihre Eltern bewältigen müssen. Besonders gefährdet sind in einer solchen Situation Kinder, die zwischen dem 7. und dem 24. Lebensmonat in Krippen oder Tagespflegestellen aufgenommen werden.

Es muß deshalb als ein Mangel in der Qualität einer frühen Tagesbetreuung angesehen werden, wenn die Beteiligung der Eltern am Eingewöhnungsprozeß ihrer Kinder nicht ein fester Bestandteil der pädagogischen Konzeption der Krippe oder Tagespflegestelle ist.

WORUM GEHT ES BEI DER EINGEWÖHNUNG?

Wir wissen heute, daß die Kinder sich von Geburt an mit großer Energie und »hellwach« mit ihrer Umgebung auseinandersetzen und lernen und lernen und lernen …

Sie sind dafür bestens ausgestattet und absolvieren bereits im ersten Lebensjahr aus eigenem Antrieb heraus, jedoch mit Hilfe ihrer Eltern und anderer Bezugspersonen, ein riesiges »Pensum«, wobei Lern- und Reifungsprozesse Hand in Hand gehen. Zwar sind ihre Möglichkeiten der »Informationsverarbeitung« zunächst noch begrenzt, aber sie erweitern sich von Tag zu Tag. Grundsätzlich übt dabei alles Neue einen starken Reiz auf die Kinder aus, und das ist gut so, denn sonst würden sie ihr »Lernpensum« gar nicht bewältigen können. Wird es mal zuviel, schützen sich auch schon sehr kleine Kinder vor Überlastung, indem sie die Augen schließen, den Kopf abwenden oder durch Weinen signalisieren, daß sie überfordert sind.

Sieht man die Dinge mit den Augen des Kindes, so ist zwar zunächst einmal auch die neue Umgebung in der Krippe oder Tagespflegestelle sehr spannend, bietet aber einfach zu viel Neues auf einmal an. Die in dieser Situation notwendigen Lern- und Anpassungsleistungen sind auch für ältere Kinder mit erheblichen Anstrengungen verbunden und überfordern insbesondere Kinder in den ersten beiden Lebensjahren, wenn…

Ja, wenn sie diesen Anforderungen allein gegenüberstehen.

WIE KÖNNEN ELTERN HELFEN?

Die Eltern können ihrem Kind den Übergang in die neue Umgebung erleichtern, wenn sie es zu Beginn seines Besuchs in der Krippe oder Tagespflegestelle für einige Tage begleiten. Sie müssen dabei gar nicht viel tun. Ihre bloße Anwesenheit im Raum genügt, um für das Kind ein »Nest«, einen »sicheren Hafen« zu schaffen, in den es sich jederzeit zurückziehen kann, wenn es sich überfordert fühlt. Wenn Mutter oder Vater (vielleicht auch die Oma, wenn **das Kind** sie gut kennt) still in einer Ecke des Raumes sitzen und ihr Kind beobachten, hat es alles, was es braucht.

WARUM IST DIE ANWESENHEIT DER ELTERN SO WICHTIG?

Alle Kinder bauen in den ersten Monaten ihres Lebens sogenannte »Bindungsbeziehungen« zu Mutter und Vater auf. Das wird deutlich sichtbar, wenn die Kinder im Alter von etwa sechs bis sieben Monaten damit beginnen, ihr Verhalten auf die Eltern hin zu orientieren, besonders dann, wenn sie irritiert oder sonst irgendwie gestreßt sind. Die Kinder wenden sich von nun an in solchen Situationen an die Eltern, suchen ihre körperliche Nähe oder signalisieren ihr Bedürfnis danach.

Ein weinendes Kind im Alter von vier Monaten wird sich in der Regel noch von irgendeinem Erwachsenen beruhigen lassen, der sanft mit ihm umgeht. Ein acht Monate altes Kind in der Regel schon nicht mehr. In den meisten Fällen können dann nur noch Mutter oder Vater (oder andere Personen, zu denen das Kind eine »Bindungsbeziehung« entwickelt hat) das Kind beruhigen, keinesfalls eine fremde Person.

Mutter und Vater (aber eben auch andere Erwachsene, die sich dauerhaft und zuverlässig um das Kind gekümmert haben), sind zu »Bindungspersonen« für das Kind geworden. Das Kind hat zu ihnen eine besondere Art von Beziehung aufgebaut, ein »gefühlsmäßiges Band« ist zwischen ihm und der betreffenden Person entstanden, eben das, was wir eine frühkindliche »Bindung« nennen.

Diese »Bindungspersonen« sind dabei keineswegs nur bloße »Bekannte« für das Kind und können durch solche auch nicht ersetzt werden. Sie haben ganz allgemein eine große Bedeutung für die Entwicklung des Kindes, darunter eine, die für uns im Zusammenhang mit dem Thema »Eingewöhnung« wichtig ist: Sie dienen dem Kind als eine Art »mobiles Nest«, als »sichere Basis« bei seiner Erkundung der Umwelt. Insbesondere in fremden Umgebungen ist die Anwesenheit einer »Bindungsperson« für das Kind unverzichtbar.

WAS BEDEUTET DIE ANWESENHEIT VON MUTTER ODER VATER FÜR DAS KIND?

Wir haben schon davon gesprochen, daß eine fremde Umgebung wie die Krippe oder Tagespflegestelle das Kind trotz seines grundsätzlich vorhandenen Interesses an der Welt überfordern kann. Man muß dabei bedenken, daß es für ein Kind in seinen ersten Lebensjahren ungeheuer viel zu lernen gibt. Es sind die Bindungspersonen des Kindes, die diese Lernprozesse unterstützen und absichern. Um besser zu verstehen, was damit gemeint ist, wollen wir kurz auf einige grundlegende Merkmale des frühkindlichen Lernens eingehen.

WIE LERNEN KINDER IN DEN ERSTEN BEIDEN LEBENSJAHREN?

Lange bevor sie sprechen können und dieses faszinierende Wort »warum« entdecken, stellen Kinder auf ihre Art Fragen an die Dinge ihrer Umgebung. Mit großer Energie, Intensität und Beharrlichkeit wenden sie sich **handelnd** an ihre Umwelt, sie **begreifen** sie im Sinne des Wortes. Sie fassen an, stecken in den Mund, klopfen Gegenstände aneinander, schütteln, drehen und wenden sie, öffnen und schließen Schranktüren mit Ausdauer, untersuchen Teppichfransen ebenso wie Cremedosen, das Gemüse auf ihrem Teller oder ein Schlüsselbund.

Im Hantieren mit ihnen offenbaren die Dinge dem Kind ihre Geheimnisse: ihre Schwere und ihre Leichtigkeit, ihre Kühle und ihre Wärme, ihre Glattheit und ihre Rauhigkeit, ihren Geschmack, die Vielfalt ihrer Formen, ihre Härte oder Weichheit. Aus der Vielfalt der Sinneseindrücke, die das Kind im Umgang mit den Dingen gewinnt, setzen sich im Kopf des Kindes allmählich »Bilder« von den Dingen zusammen, bilden sich Bewegungs- und Handlungsmuster aus, von denen wir glauben, daß sie eine Grundlage für das spätere Denken sind.

Die Eltern und andere Bindungspersonen sind dabei für das Kind die »sichere Basis«, von der aus es seine Ausflüge in die Welt der Dinge, der Menschen, der Farben und Formen macht. Ausflüge in die Welt der räumlichen Ordnungen (vor, hinter, über, unter, auf, in…), der Veränderung von Dingen (der Anblick eines Topfdeckels verändert sich durch Drehung im Raum von einem Kreis über ein Oval hin zu einer Art Strich), ihrer Beziehungen untereinander (z. B. zwischen einer Schnur und einem Spielzeug: sind beide miteinander verbunden, folgt das Spielzeug dem Zug der Schnur), ihrer Größen- und Gewichtsverhältnisse, und und und...

Sehr viele dieser grundlegenden Lernprozesse absolviert das Kind in den ersten 18 Lebensmonaten: ein riesiges Lernpensum, dessen Umfang von den meisten Eltern (und nicht nur von ihnen) bedeutend unterschätzt wird. Für uns Erwachsene liegen diese Lektionen lange zurück, und wir haben längst vergessen, daß wir diese Dinge überhaupt je lernen mußten. Das macht uns gelegentlich ungeduldig gegenüber den rastlosen Bemühungen unserer Kinder, sich auf ihre Art ein Bild von der Welt zu machen. »Selber tun macht klug« ist ihre Devise in den ersten Lebensjahren, und deshalb bestehen sie mit so großer Intensität auf Eigenaktivität und versuchen immer wieder, auch an den Eltern vorbei, ihr »Lernprogramm« durchzuhalten. Kinder sind keine passiven, hilflosen Wesen, sondern hervorragend an diese Welt angepaßte Energiebündel, die vom ersten Atemzug an auf ihre Umwelt hin orientiert sind und sie sich aktiv aneignen. Bei diesen frühen Lernversuchen benötigen sie jedoch die Unterstützung durch ihre Eltern und andere Bindungspersonen.

Es wäre für viele Kinder sicher leichter, wenn Eltern mehr konkrete Kenntnisse über die frühen Lernprozesse hätten. Umgekehrt versäumen Eltern aus Unkenntnis viele Gelegenheiten, die Anlaß zu tiefer Freude und Befriedigung über das Vorankommen ihrer Kinder sein könnten. Sie könnten sich immer wieder als Personen mit großem Einfluß auf das Lernen und Leben ihrer Kinder bestätigt finden. Eltern könnten den Kontakt zu ihren Kindern mehr genießen und ihren Kindern das Lernen, auf das sie von sich aus so große Lust haben, eher erleichtern, es unterstützen und es erweitern, anstatt es unabsichtlich zu behindern, weil sie den Sinn in den Handlungen ihrer Kinder nicht erkennen.

Ein 1987 von uns abgeschlossenes Forschungsprojekt zeigt, daß die Vermittlung derartiger Kenntnisse zu mehr Geduld im Umgang mit Kleinstkindern führen kann, zu weniger unsachlicher Kritik und zur Erweiterung der Lernmöglichkeiten der Kinder. Die Kinder dankten es mit rascheren Entwicklungsschritten.

Doch zurück zur Eingewöhnungssituation. Trotz seiner intensiven Bemühungen, sich mit seiner Umgebung und den darin befindlichen Dingen und Menschen und ihren Eigenschaften vertraut zu machen, ist das Verständnis des Kindes von der Welt zu Beginn natürlich noch sehr begrenzt. Begrenzt sind vor allem auch seine Möglichkeiten, angesichts vieler aus seiner Sicht unvorhersehbarer Ereignisse, sein inneres Gleichgewicht zu halten. Es ist dabei auf Hilfe von außen angewiesen und versucht auch aktiv, sie zu erlangen.

Dabei spielen die Eltern und andere Personen, zu denen das Kind eine Bindungsbeziehung aufgebaut hat, eine zentrale Rolle. Werden z. B. Kinder im ersten oder zweiten Lebensjahr durch etwas Unerwartetes erschreckt oder irritiert, zeigen die meisten Kinder sogenanntes »Bindungsverhalten«, d. h. sie versuchen durch Weinen oder Rufen, durch Nachfolgen, Armeaufheben, Anschmiegen, Anklammern und ähnliche Verhaltensweisen körperliche Nähe zu einer »Bindungsperson« herzustellen oder aufrechtzuerhalten. Je nachdem, wie stark das Kind beunruhigt war, findet es im engen Körperkontakt, durch Berühren der »Bindungsperson« oder auch durch bloßen Blickkontakt sein inneres Gleichgewicht wieder.

Derartiges Bindungsverhalten kann entweder durch einen konkreten Vorfall, der das Kind irritiert oder aber einfach dadurch ausgelöst werden, daß das Kind den Überblick verloren hat. Eltern tun deshalb gut daran, ihre Reaktion auf das Nähesuchen des Kindes nicht davon abhängig zu machen, ob sie einen Grund erkennen können, sondern zunächst einmal davon auszugehen, daß das

Kind einen Grund haben wird. Es überrascht dabei immer wieder, daß auch ein Kind, das sich eben noch weinend an Mutter oder Vater angeklammert hat, sich oft schon nach wenigen Augenblicken wieder löst und seine Erkundungstätigkeit fortsetzt.

Wichtig ist in einer solchen Situation, wenn das Kind die Nähe einer Bindungsperson sucht, daß das Kind **nicht gedrängt** wird, sich wieder zu lösen. In diesem Fall würden Mutter oder Vater in der Regel das genaue Gegenteil erreichen, nämlich erneutes Bindungsverhalten. Ruhiges Abwarten, bis sich das Kind von allein wieder der Umgebung zuwendet, ist die beste (und schnellste) Methode.

WAS GESCHIEHT, WENN WÄHREND DER EINGEWÖHNUNGSZEIT KEIN ELTERNTEIL ANWESEND IST?

Dann läuft das Bindungsverhalten des Kindes ins Leere und kann dann über sehr lange Zeit andauern. Hier liegt die vermutlich wichtigste Ursache für die langanhaltenden Weinperioden von Kindern am Beginn einer Tagesbetreuung, wenn diese den Übergang ohne die Anwesenheit von Mutter oder Vater bewältigen müssen. Nur Bindungspersonen haben dem Kind gegenüber die oft geradezu magisch anmutende Fähigkeit, es fast augenblicklich beruhigen zu können, selbst wenn es zuvor in heller Panik war.

Eine fremde Person, insbesondere eben auch die Krippenerzieherin oder Tagesmutter, kann das Kind in der ersten Zeit seines Aufenthalts in einer Krippe oder Tagespflegestelle in der Regel nicht beruhigen und muß ihrerseits das verzweifelte Weinen und Wimmern des Kindes aushalten, ohne es beeinflussen zu können. Ein solcher Beginn von Tagesbetreuung ist ein Unglück für das Kind und die Erzieherin bzw. Tagesmutter.

RAUM

Mutter/Vater zum Kind:

- Wirst du ohne mich zurecht kommen?
- Wirst du mich vermissen?
- Wirst du die Erzieherin vielleicht lieber mögen?
- Wird es dir hier gut gehen?

WELCHE RISIKEN FÜR DAS KIND HÄNGEN MIT EINER EINGEWÖHNUNG OHNE ELTERN ZUSAMMEN?

Ein 1984/1985 an der Freien Universität Berlin durchgeführtes Forschungsprojekt zeigte, daß diejenigen der untersuchten Kinder, die ohne eine angemessene Eingewöhnungszeit in Begleitung ihrer Eltern den Übergang in die Krippe leisten mußten, in den ersten sieben Monaten ihres Krippenbesuchs bis zu vier mal länger wegen einer Erkrankung fehlten, zu Beginn ihrer Krippenbetreuung deutlich weniger Gebrauch von den Möglichkeiten der neuen Umgebung machen konnten und in stärkerem Maße ängstliches Verhalten an den Tag legten. Darüber hinaus wiesen die Kinder in diesen Fällen häufiger Irritationen in ihrer Bindungsbeziehung zur Mutter und einen geringeren Entwicklungsstand auf.

WORAN LIEGT ES, DASS EIN ZU BEGINN VON EINEM ELTERNTEIL BEGLEITETES KIND BESSER DRAN IST, OBWOHL ES IRGENDWANN JA DOCH OHNE SEINE ELTERN IN DER KRIPPE ODER TAGESPFLEGESTELLE SEIN WIRD?

Der Unterschied für das Kind liegt einmal darin, daß es ihm bei Anwesenheit von Mutter oder Vater sehr viel leichter fällt, sich mit der neuen Umgebung vertraut zu machen. Es braucht sich keine Sorgen zu machen, was geschieht, wenn es einmal nicht fertig wird mit all den neuen Eindrücken: Eine der beiden wichtigsten Personen, die es notfalls auffangen können, ist ja anwesend.

Die Eltern können sich dabei darauf verlassen, daß ihr Kind aktiv und von sich aus auf die neue Umgebung zugehen wird. Es braucht und sollte nicht gedrängt werden. Die Eltern sollten dabei wissen, daß Kinder sehr unterschiedlich auf die neue Umgebung reagieren. Die einen wenden sich anfangs vielleicht vorsichtig und zögernd, die anderen ohne Bedenken und energisch der neuen Umgebung zu. Das ist abhängig vom Temperament und der Vorerfahrung des Kindes. Die Eltern sollten in jedem Fall das Verhalten ihres Kindes tolerieren. Nicht selten sind es im übrigen die Kinder, die zunächst eher ängstlich wirken, die sich später am besten in die neue Umgebung hineinfinden.

Die Kinder lernen auf **ihre** Weise die neue Umgebung am schnellsten kennen. Sie »benutzen« dabei Vater oder

Mutter als eine »sichere Basis«, zu der sie sich zurückziehen, wenn mal etwas Unerwartetes passiert oder sie aus sonst einem Grund das Gefühl haben, Unterstützung zu brauchen.

Die Eingewöhnung in eine Krippe oder Tagespflegestelle ist ein aktiver Anpassungs- und Lernprozeß der Kinder, der durch ihre angeborene Bereitschaft, sich ihrer Umwelt aktiv zuzuwenden, getragen wird. Ohne die Anwesenheit eines Elternteils jedoch bricht diese Erkundungsbereitschaft der Kinder in den meisten Fällen in sich zusammen, und offenes Bindungsverhalten verdrängt alle anderen Verhaltensmöglichkeiten.

Zum anderen, und das ist ein Prozeß von entscheidender Bedeutung für das Wohlergehen der Kinder in Tagesbetreuung, macht sich das Kind nicht nur mit den neuen Räumen vertraut, sondern auch mit der Erzieherin bzw. der Tagesmutter. Das Kind baut, und das mag manche Mutter und manchen Vater zunächst schmerzhaft berühren, innerhalb kurzer Zeit zu seiner Erzieherin oder Tagesmutter eine zumindest **bindungsähnliche** Beziehung auf, so daß die Erzieherin bzw. Tagesmutter nach einiger Zeit die Funktion der »sicheren Basis« für das Kind in der Krippe oder Pflegestelle übernehmen kann. Das Bindungsverhalten des Kindes läuft dann in Abwesenheit seiner Eltern nicht mehr ins Leere, sondern kann durch die Erzieherin bzw. die Tagesmutter aufgefangen werden. Anders ausgedrückt: die Erzieherin oder die Tagesmutter kann nun das Kind trösten, wenn es weint. Erst wenn das Kind eine Beziehung dieser Art aufgebaut hat, kann es auf die Anwesenheit seiner Eltern in der Krippe oder der Tagespflegestelle verzichten.

WIRD DAS KIND DURCH SEINE BEZIEHUNG ZUR ERZIEHERIN BZW. ZUR TAGESMUTTER SEINEN ELTERN ENTFREMDET?

Nein. Alle Kinder bauen auch in der Familie mehrere Bindungsbeziehungen parallel auf, wenn sie dazu Gelegenheit haben, wobei es eine Rangfolge in dem Gewicht dieser Bindungen für das Kind gibt. Wenn das Kind besonders stark belastet ist (bei Krankheit oder Schmerzen), wird das gelegentlich deutlich: das Kind zieht dann Mutter (oder Vater) vor. Die Beziehung zur Erzieherin bzw. zur Tagesmutter bleibt in der überwältigenden Mehrzahl der Fälle in diesem Sinne nachrangig. Die bisherigen Untersuchungen zu diesem Thema zeigen, daß die Eltern Hauptbindungspersonen bleiben. Auch die weiter oben bereits zitierte Berliner Untersuchung zeigte in diesem Zusammenhang, daß die Beziehung zwischen Mutter und Kind im Verlauf des ersten halben Jahres des Krippenbesuchs insgesamt gesehen eher gefestigt als beeinträchtigt wurde.

Die Beziehung zur Erzieherin bzw. zur Tagesmutter, das sollte jetzt klar sein, ist für das Kind von großer Wichtigkeit, da es erst auf der Grundlage dieser Beziehung in der Erzieherin/Tagesmutter die »sichere Basis« findet, die es für sein Lernen und sein Wohlbefinden in der neuen Umgebung unbedingt braucht.

Mutter/Vater zur Erzieherin:

- Wird sie mein Kind mögen und verstehen?
- Kann ich von meinen Ängsten sprechen, von meinen Zweifeln, vielleicht auch meinem Mißtrauen?
- Wird sie mein Kind an sich reißen?
- Wird sie in Konkurrenz zu mir treten?

WIE LANGE DAUERT EINE SOLCHE, VON DEN ELTERN BEGLEITETE EINGEWÖHNUNGSZEIT?

In den meisten Fällen etwa 14 Tage, im Einzelfall auch mal drei Wochen, bei manchen Kindern sind sechs Tage ausreichend. Weniger als sechs Tage sind auf jeden Fall zu kurz. Man kann und soll sich bei der Entscheidung darüber, wie lange man das Kind begleitet, am Verhalten des Kindes orientieren. Als Faustregel kann gelten:

Wendet sich das Kind häufig an den begleitenden Elternteil, sucht es Blickkontakt zu ihm, sucht es bei Verdruß seine Nähe und beruhigt sich schnell im Körperkontakt mit Mutter oder Vater, sollte man eine Zeit von 14 Tagen ins Auge fassen. Wenn das Kind sehr ängstlich reagiert, auch mal drei Wochen. Nach einem ersten kurzen Trennungsversuch am vierten Tag sollten sich dann Mutter oder Vater von Beginn der zweiten Woche an (jedoch nie an einem Montag!) zunächst für kurze, allmählich länger werdende Zeiten verabschieden. Sie sollten jedoch zunächst in der Krippe oder Tagespflegestelle bleiben, um notfalls zur Stelle zu sein, falls das Kind Probleme hat, die die Erzieherin bzw. Tagesmutter noch nicht lösen kann.

Macht das Kind eher den Eindruck, daß es sich bemüht, nach Möglichkeit ohne die Eltern auszukommen, zeigt es sich bei den ersten Trennungen (nicht vor dem vierten Tag!) eher unbeeindruckt, dann sind sechs Tage wahrscheinlich ausreichend und eine längere Zeit würde unter Umständen eher schaden als nützen. In den Krippen wird die Gruppenerzieherin Sie in dieser Frage beraten.

ALLGEMEINE INFORMATIONEN FÜR ELTERN ZUM ABLAUF DER EINGEWÖHNUNG

Wenn Sie Ihr Kind in einer Krippe angemeldet haben, wird Sie die Leiterin der Kindertagesstätte (oder die aufnehmende Institution, wenn die Anmeldung zentral erfolgt) möglicherweise bitten, Ihr Kind nicht gleich am ersten Tag nach Ende der großen Schulferien in die Krippe zu bringen. Dies ist, zumindest in Berlin, die Hauptaufnahmezeit und im Interesse einer guten Eingewöhnung können und sollte, nach Möglichkeit nicht mehr als ein, höchstens jedoch zwei Kinder pro Woche aufgenommen werden. Nur dann hat die Erzieherin die Chance, jedes einzelne Kind mit der notwendigen Aufmerksamkeit und Ruhe zu beobachten, um etwas über seine Eigenheiten zu erfahren und sich mit ihm vertraut zu machen.

Die Zeit, die Sie sich jetzt zu Beginn des Krippenbesuchs Ihres Kindes nehmen, wird sich wahrscheinlich durch geringere Erkrankungszeiten Ihres Kindes im ersten Jahr seines Krippenbesuchs schnell »bezahlt machen«.

1. Es genügt, wenn Sie mit Ihrem Kind in den ersten Tagen für ein oder zwei Stunden in der Krippe oder Tagespflegestelle sind. Vor allem in einer Krippe werden die Leiterin oder die Gruppenerzieherin Sie bitten, zu bestimmten Zeiten zu kommen. Der Grund ist zum einen, daß es leichter für Ihr Kind ist, wenn es zunächst immer auf die gleiche Situation trifft, zum anderen wird die Krippe, wie schon im vorangegangenen Abschnitt erwähnt, bemüht sein, nicht zuviele neue Kinder (und ihre Eltern) zur gleichen Zeit im Gruppenraum zu haben. Sie helfen den Mitarbeiterinnen und Ihrem Kind, wenn Sie sich eng an die vereinbarten Zeiten halten.

2. Wenn Sie sich mit Ihrem Kind zusammen im Gruppenraum oder in der Tagespflegestelle aufhalten, setzen Sie sich am besten in eine stille Ecke und seien Sie einfach da. Wenn Ihr Kind schon krabbeln oder laufen kann, erlauben Sie ihm, zu gehen und zu kommen, wie es will. Drängen Sie es zu keinem bestimmten Verhalten und behalten Sie es im Auge. Wenn Sie es aushalten, lesen oder stricken Sie nicht und überlassen Sie die Sorge um die anderen Kinder getrost der Erzieherin bzw. der Tagesmutter. Genießen Sie es einfach, Ihr Kind bei seiner Erkundung der neuen Umgebung zu beobachten!

3. In den ersten drei Tagen sollten Sie auf keinen Fall Trennungsversuche machen. Auch wenn Sie den Raum nur kurz verlassen wollen, nehmen Sie Ihr Kind mit. Die ersten drei Tage scheinen für die Eingewöhnung des Kindes eine besonders wichtige Rolle zu spielen und sollten nicht durch eine Trennung von Ihnen belastet werden. In dem bereits erwähnten Forschungsprojekt fehlten die Kinder in den ersten sieben Monaten ihres Krippenbesuchs im Durchschnitt vier mal länger wegen Krankheit, wenn es bereits in den ersten drei Tagen zu Trennungen von den Eltern gekommen war.

Die Erzieherin in der Krippe und manche Tagesmutter wird sich in den ersten Tagen zunächst eher abwartend verhalten und vielleicht erst nach einiger Zeit versuchen, zu Ihrem Kind Kontakt aufzunehmen. Sie wird ihm kleine Spielangebote machen und wird vom zweiten Tag an neben Ihnen im Blickfeld des Kindes sein, wenn Sie Ihr Kind füttern oder wickeln. Dies sollten Sie vom zweiten Tag an tun, um Ihrem Kind die Gelegenheit zu geben, diese ihm von zu Hause vertrauten Aktivitäten auch mit seiner neuen Umgebung in Verbindung zu bringen.

4. **Unterstützen Sie das Interesse des Kindes an der Erzieherin bzw. der Tagesmutter und blockieren Sie nicht den Zugang des Kindes zu ihr.** Bedenken Sie, daß Sie als Mutter oder Vater einen sehr großen Einfluß auf Ihr Kind haben. Wenn Sie es nicht zulassen, wird es Ihr Kind sehr schwer haben, eine Beziehung zur Erzieherin aufzubauen. Sprechen Sie freundlich zur Erzieherin bzw. zur Tagesmutter. Ihr Kind wird es registrieren und entspannter an die neue Situation herangehen.

5. **Am vierten Tag** wird in den meisten Fällen die Erzieherin in der Krippe und manche Tagesmutter Ihnen vorschlagen, sich für kurze Zeit vom Kind zu verabschieden und den Raum zu verlassen. Die Reaktion Ihres Kindes auf diesen ersten Trennungsversuch in der neuen Umgebung enthält wichtige Anhaltspunkte über die richtige Dauer der Eingewöhnungszeit. Wenn Ihr Kind weint, wenn Sie den Raum verlassen, gehen Sie trotzdem hinaus, bleiben aber in der Nähe der Tür. Wenn die Erzieherin oder Tagesmutter das Kind nicht innerhalb von wenigen Augenblicken beruhigen kann, wird sie Sie wieder in den Raum zurückbitten.

Die Erzieherin und manche Tagesmutter wird Sie über das weitere Vorgehen beraten. Wenn Ihr Kind eher gelassen mit der neuen Situation umgeht und die Erzieherin während der zunächst kurzen Zeiten Ihrer Abwesenheit den Eindruck gewinnt, daß Ihr Kind sich eingelebt hat, sollten Sie diese Phase der Eingewöhnung als abgeschlossen betrachten. Bleiben Sie nicht länger als notwendig, es könnte sich für Ihr Kind eher negativ auswirken!

6. Die Eingewöhnungszeit ist abgeschlossen, wenn die Erzieherin bzw. die Tagesmutter Ihr Kind im Ernstfall trösten kann. Das muß nicht heißen, daß Ihr Kind nicht mehr weint, wenn Sie sich nach dem Bringen von ihm verabschieden (was Sie im Übrigen immer tun sollten: das Vertrauen Ihres Kindes zu Ihnen steht hier auf dem Spiel!). Wenn das Kind weint, wenn Sie gehen wollen, so drückt es damit aus, daß es Sie lieber in der Krippe/Tagespflegestelle dabei hätte, und das ist sein gutes Recht. Es wird sich jedoch **nach Abschluß der Eingewöhnungszeit** von der Erzieherin bzw. der Tagesmutter beruhigen lassen, wenn Sie gegangen sind.

7. Wenn irgend möglich, sollten Sie Ihr Kind zumindest in den ersten sechs bis acht Wochen nur halbtags in der Krippe oder Tagespflegestelle betreuen lassen. Bedenken Sie, daß auch bei einer gut verlaufenden Eingewöhnungszeit Ihr Kind all seine Kraft und sein Können braucht, um sich mit den neuen Verhältnissen vertraut zu machen. Eine Ganztagsbetreuung von Anfang an erschwert Ihrem Kind diese Aufgabe.

8. Seien Sie darauf vorbereitet, daß Ihr Kind in der Krippe oder Tagespflegestelle nach einiger Zeit andere Verhaltensweisen zeigen wird, als Sie sie von zu Hause kennen. Es kann z. B. sein, daß ihr Kind in der Krippe oder Tagespflegestelle etwas ißt, was es zu Hause keines Blickes würdigt oder zu Hause darauf besteht, daß Sie Dinge für es tun, die es in der Krippe/Tagespflegestelle selbst erledigt. Das hat nichts damit zu tun, daß die Erzieherin oder die Tagesmutter einen größeren Einfluß auf Ihr Kind hat, als Sie selbst. Das hat etwas damit zu tun, daß Ihr Kind in der neuen Umgebung mit den neuen Personen neue Gewohnheiten entwickelt, die sich notwendigerweise zumindest teilweise von denen unterscheiden, die es zu Hause mit Ihnen ausgebildet hat. Diese Gewohnheiten sind für das Kind zunächst einmal fest mit den Personen verbunden, mit denen es sie entwickelt hat und je jünger das Kind ist, umso weniger wird es verstehen, daß es diese jeweils auf eine bestimmte Person (und Umgebung) bezogenen Gewohnheiten bei den in diesem Sinne »falschen« Personen zeigen soll. Erzieherin oder Tagesmutter haben also keinen **größeren** Einfluß als Sie auf Ihr Kind, sondern nur einen **anderen.**

WEITERE VORSCHLÄGE FÜR ELTERN

Wenn Eltern sich entschlossen haben, ihr Kind für einige Stunden des Tages in einer Krippe oder Tagespflegestelle betreuen zu lassen, sollten sie den ersten Besuchstag des Kindes dort nicht bis kurz vor Beginn ihrer Berufstätigkeit aufschieben.

Begründung: Die Dauer der Eingewöhnungszeit kann durch eine Reihe von Ereignissen beeinflußt werden. Dazu gehören insbesondere Erkrankungen des Kindes, Schließung der Krippengruppe wegen einer ansteckenden Krankheit, Erkrankung der eingewöhnenden Erzieherin oder Tagesmutter, etc. Die Eltern sollten sich einen gewissen zeitlichen Spielraum schaffen, um auf diese Umstände flexibel zu reagieren und ihr Kind auf jeden Fall bis zum Abschluß der Eingewöhnungszeit zu begleiten.

Die Eltern können dem Kind die Anpassung an die neue Umgebung erleichtern, wenn sie bereits vor dem Eintritt in eine Krippe die Schlafens- und Essenszeiten ihres Kindes nach und nach an die Krippenzeiten annähern. Das ist sinnvoll, unabhängig von der Frage, welche Strukturierung des Krippentages im Interesse der Kinder angemessen wäre.

Begründung: Die Situation vereinfacht sich für das Kind, wenn es sich außer an neue Räume und neue Menschen nicht auch an einen neuen Schlaf- und Eßrhythmus gewöhnen muß.

Die Eingewöhnung des Kindes in die Kindertagesstätte oder Tagespflegestelle sollte möglichst nicht zeitgleich zu anderen Veränderungen in der Familie (wie z. B. Geburt oder Schuleintritt eines Geschwisterkindes, Umzug der Familie, Trennung der Kindeseltern o.ä.) stattfinden.

Begründung: Veränderungen im Alltag der Familie, auch positive und erwünschte, stellen für das Kind ein gewisses Maß an Streß dar. Finden solche Lebensereignisse zusätzlich zur Eingewöhnung statt, ist das Kind einer mehrfachen Belastung ausgesetzt. Dabei kann schon eine neue Frisur der Mutter in dieser Situation das Kind irritieren.

Sollte das Kind kurz vor oder zum geplanten Zeitpunkt des Betreuungsbeginns erkranken, empfiehlt es sich, die Eingewöhnungsphase zu verschieben, bis das Kind wieder gesund ist und sich von seiner Krankheit erholt hat.

Begründung: Erkrankungen (auch scheinbar geringfügige, wie z. B. Erkältungen) beeinträchtigen das Interesse und die Fähigkeit des Kindes, sich mit der neuen Umgebung auseinanderzusetzen.

Die eingewöhnende Bindungsperson (in der Regel Mutter oder Vater) sollte während der ersten vier bis sechs Wochen der Tagesbetreuung des Kindes grundsätzlich für die Eingewöhnung des Kindes in der Krippe oder Tagespflegestelle zur Verfügung stehen. Sie sollte in dieser Zeit noch nicht arbeiten.

Begründung: Auch wenn die Anwesenheit von Vater oder Mutter in der Krippe oder Tagespflegestelle nur für ein bis drei Wochen notwendig ist, besteht grundsätzlich die Möglichkeit, daß sich das Kind in einer besonderen Streßsituation von der Erzieherin oder Tagesmutter noch nicht trösten läßt und nach der vertrauten elterlichen Bindungsperson verlangt.

Falls das Kind besondere Schwierigkeiten hat, sich von einem der beiden Eltern zu trennen, könnte es sinnvoll sein, daß der andere Elternteil das Kind in der Eingewöhnungszeit begleitet.

Begründung: Die Kinder entwickeln sehr früh unterschiedliche Verhaltensweisen gegenüber Vater und Mutter. Es ist deshalb durchaus möglich, daß sich ein Kind in Begleitung des Vaters leichter in die neue Umgebung eingewöhnt als mit seiner Mutter (oder umgekehrt).

Montags nie heißt die Devise für alle neuen Aktivitäten im Rahmen der Eingewöhnung. Dies gilt besonders für das Schlafenlegen und das erste Alleinbleiben des Kindes in der neuen Umgebung.

Begründung: Während der Eingewöhnungszeit muß sich das Kind erst an seinen wechselnden Aufenthalt in Elternhaus und Krippe/Tagespflegestelle gewöhnen. Die Erfahrung zeigt, daß es den Kindern besonders schwer fällt, sich am Wochenbeginn wieder in der noch nicht hinreichend vertrauten Umgebung zurechtzufinden, nachdem sie ein Wochenende zu Hause mit den Eltern verbracht haben.

Dem Kind vertraute Gegenstände, die von zu Haus in die Kindertagesstätte/Tagespflegestelle mitgebracht werden (z. B. Schmusetuch, Kuscheltier o. ä.), können für das Kind besonders während der Trennungsepisoden und beim Einschlafen sehr hilfreich sein.

Erzieherin zum Kind:

- Wirst du leicht Zugang zu mir finden?
- Werde ich deine Signale verstehen und herausfinden können, was ganz Besonderes du brauchst?
- Wirst du mit den anderen Kindern zurechtkommen?
- Wirst du dich hier gut einfinden?

ZUM THEMA ABSCHIED

Wenn Sie Ihr Kind in die Krippe oder Tagespflegestelle gebracht haben, gehen Sie bitte nicht fort, ohne sich von Ihrem Kind zu verabschieden. Sie setzen das Vertrauen Ihres Kindes zu sich auf's Spiel und müssen damit rechnen, daß Sie Ihr Kind nach solchen Erfahrungen nicht aus den Augen läßt oder sich »vorsichtshalber« an Sie klammert, um Ihr unbemerktes Verschwinden zu verhindern.

Wenn Sie sich verabschieden, mag es sein, daß Ihr Kind weint oder auf andere Weise versucht (Stichwort: Bindungsverhalten), Sie zum Bleiben zu bewegen bzw. mitgenommen werden will. Es ist das gute Recht des Kindes, zu versuchen, eine geschätzte und geliebte Person zu veranlassen, bei ihm zu bleiben. Wenn die Eingewöhnungszeit abgeschlossen ist und das Kind eine vertrauensvolle Beziehung zur Erzieherin bzw. zur Tagesmutter aufgebaut hat, wird es sich nach Ihrem Weggang rasch trösten lassen und die Zeit in der Krippe oder Tagespflegestelle in guter Stimmung verbringen.

Sollte ein solches Verhalten auftreten, nachdem Ihr Kind es längere Zeit nicht gezeigt hat, was durchaus möglich ist, sollten Sie sich im Gespräch mit der Erzieherin oder Tagesmutter vergewissern, daß alles in Ordnung ist und ggf. auf Krankheitssymptome achten.

Wenn Sie sich von Ihrem Kind verabschieden, halten Sie bitte diesen Abschied kurz und ziehen Sie ihn nicht unnötig in die Länge. Sie würden Ihr Kind mit einem solchen Verhalten nur belasten. Untersuchungen haben gezeigt, daß Kinder auf den kurzen Abschied mit weniger

Streß reagieren als auf ein »Herummachen um das Kind«. Sollte sich Ihr Kind auch nach einer Eingewöhnungszeit von drei Wochen noch nicht von der Erzieherin bzw. der Tagesmutter trösten lassen, sollten Sie sich prüfen, ob Sie nicht das Kind »festhalten«. Wir wissen aus mehreren Untersuchungen, daß eine ablehnende Haltung der Eltern gegenüber der Krippe oder Tagespflegestelle eine Eingewöhnung fast unmöglich machen kann. Ihr Kind nimmt diese Haltung wahr und macht sie zur Grundlage seiner Beurteilung der Situation. Wenn Sie es nicht »freigeben«, wird es für das Kind sehr schwer, Vertrauen zur Erzieherin oder Tagesmutter zu fassen. Sprechen Sie in diesem Fall mit der Erzieherin oder Leiterin der Kindertagesstätte bzw. mit der Tagesmutter oder der Beraterin im Jugendamt. Ein Aussprechen der Sorgen oder Vorbehalte hat hier schon Wunder gewirkt.

Wie bereits erwähnt, sollte Ihr Kind zumindest während der ersten Wochen die Krippe/Tagespflegestelle nur halbtags besuchen, auch wenn später eine ganztägige Betreuung vorgesehen ist.

Begründung: Wir müssen davon ausgehen, daß die ersten Wochen in der neuen Umgebung für das Kind auch unter günstigen Bedingungen eine Zeit des intensiven Lernens und der Anpassung unter Anspannung aller seiner Kräfte bedeuten. Es ist eine Erleichterung für das Kind, wenn es diese Leistungen nur für die Dauer eines halben Tages erbringen muß. Diese Auffassung wird gestützt durch Untersuchungen, die auf eine höhere Belastung von Kindern durch eine Ganztagsbetreuung hinweisen. Auch die Erfahrung von Erzieherinnen zeigt, daß Kinder anfangs den Vormittag gut »durchhalten«, jedoch in der zweiten Tageshälfte deutlich »abbauen«.

Erzieherin zu Mutter / Vater:

- Wird sie / er mich als Erzieherin ihres / seines Kindes akzeptieren?
- Wird sie / er offen oder verschlossen sein für Gespräche mit mir?
- Empfindet sie / er mich als Konkurrentin oder Partnerin?
- Wie bewertet sie / er meine Art zu arbeiten?

WEITERFÜHRENDE LITERATUR

Andres, B.: Tagesmütter – Frauen zwischen privater und öffentlicher Mütterlichkeit. In: Klewitz, M., Schildmann, U. & Wobbe, T. (Hrsg.): Frauenberufe – Hausarbeitsnah? Zur Erziehungs-, Bildungs- und Versorgungsarbeit von Frauen. Pfaffenweiler 1989.

Andres, B. & Laewen, H.-J. (Hrsg.): Ich verstehe besser, was ich tue ... – Erfahrungen mit einem Eingewöhnungsmodell. Berlin 1993.

Beck-Gernsheim, E.: Die Kinderfrage – Frauen zwischen Kinderwunsch und Unabhängigkeit. München 1988.

Blüml, H. & Schneider, K.: Kleinkindererziehung – allein Sache der Familie? In: Deutsches Jugendinstitut (Hrsg.) Wie geht's der Familie? München 1988.

Grossmann, K.E. & Grossmann, K.: Die Entwicklung sozialer Beziehungen in den ersten beiden Lebensjahren. In: H. Lukesch, M. Perrez & K.A. Schneewind (Hrsg.): Familiäre Sozialisation und Intervention. Bern 1980.

Haefele, B. & Wolf-Filsinger, M.: Der Kindergarteneintritt und seine Folgen – eine Pilotstudie. Psychologie in Erziehung und Unterricht 33 (1986). S. 99-107.

Laewen, H.-J.: Chance oder Risiko – die Tagesbetreuung von Kleinkindern in Krippen. In: Engelhard, D. u.a.: Handbuch der Elementarerziehung 1.22./1.23. Kallmeyer'sche Verlagsbuchhandlung, Seelze, Ergänzungslieferung Juli 1993.

Laewen, H.-J., Andres, B. & Hédervári, E.: Die ersten Tage in der Krippe. Ein Modell für die Gestaltung der Eingewöhnungssituation. Berlin 2000.

Reyer, J.: Entstehung, Entwicklung und Aufgaben der Krippen im 19. Jahrhundert in Deutschland. Zeitschrift für Pädagogik 5 (1982). S. 715-736.

Scarr, S.: Wenn Mütter arbeiten – Wie Kinder und Beruf sich verbinden lassen. München 1987.

Schmidt, H. D. & Schneeweiß, B.: Schritt um Schritt – Die Entwicklung des Kindes bis ins 7. Lebensjahr. Berlin 1989.

Schütze, Y.: Die gute Mutter: Zur Geschichte des normativen Musters »Mutterliebe«. Bielefeld 1986.

Spangler, G. & Zimmermann, P.: Die Bindungstheorie – Grundlagen, Forschung, Anwendung. Stuttgart 1995.